기도의 섬

기도의 섬

이일향 시집

Il-Hyang Lee's Poetry

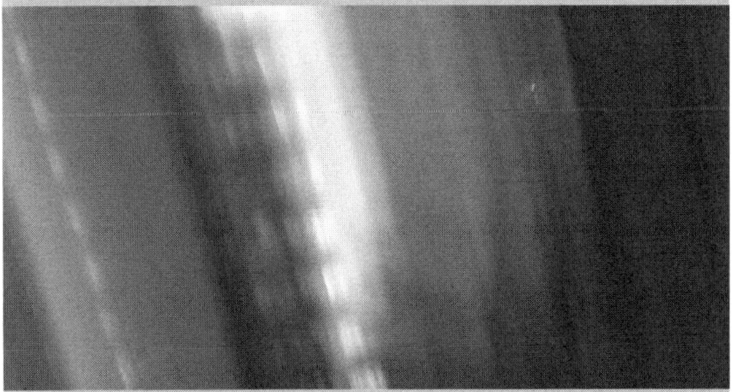

동학사

■ 시인의 말

여기까지 왔습니다. 이제 또 하나 세월의 고개를 넘습니다. 내가 살아온 여든 해, 아무리 따져 봐도 나와는 상관없는 숫자만 같습니다.

그래도 내 삶의 고빗길에 기적처럼 찾아온 시가 있어 목숨의 값을 이렇게 치르고 있습니다.

이제 손에 쥐어진 묵주를 헤이듯 남은 날도 하고 싶은 말 떠오르는 생각들을 한 글자씩 적어 가렵니다. 하늘의 문에서 나를 기다려 줄 남편과 아들이 있어 나는 외롭지 않고 두렵지 않습니다. 내가 다다를 수 없는 사랑이 있어 나는 쓰고 이 책을 묶어 냅니다.

2008년 9월 이일향

| 차례 | 기도의 섬

1 억새

2 길 위에서

3

하늘새

4

카사블랑카

1

억새

주님의 눈물

여든 해 숨찬 고갯길
제가 걸어왔습니다
지난날 발자국을
짚어 보고 더듬어 보면
제게도 감사해야 할
사랑이 있고 눈물도 있습니다.

이 세상 갈림길에서
만나고 헤어진 인연
밟히는 눈물 이야기
똬리 트는 아픔 이야기
수많은 세월이 갔건만
왜 다 풀 수가 없습니까.

지은 죄 회개로 벗고
다 못한 정 눈물로 갚고
요충이 제 몸을 벗어나
나비처럼 갈랬더니
주님의 눈물을 받을
옷자락이 좁습니다.

억새

산은 어디서 와서
어디로 돌아가고

강은 저 혼자 흘러
어느 바다에 닿는지

억새는 해 저물도록
빈 하늘만 이고 있다.

햇빛 바람 이슬
푸른 꿈은 피어나고

그리움 키를 넘어
먼 세월을 감도는데

목 꺾어 부르는 이름
노을 속에 묻혀 간다.

안으로 타는 넋을
눈물로 어이 끄랴

눈 비에 휘어진 몸
머리 흩어 춤을 춘다

천지가 은빛 울음으로
흔들리고 있어라.

가을의 길

가을의 아름다움을
견디지 못해

거문고가 스르릉
목을 놓듯이

우리들 슬픔도 괴로움도
어느 날 스르르 목이 풀릴까.

죽음을 바라보는
아득한 그날에도

헤매임 없는 맑은 마음
한 가닥 입에 물면

햇볕도 익어지기를
생각도 물이 들기를.

눈을 돌려 창밖을 본다
나무들 길을 떠나는지

바람 없는 이 고요
한 잎 한 잎 잎이 진다

내 날의 마지막 날도
빈 몸으로 떠나가겠지.

동백꽃 떨어지다

깎아지른 벼랑 디디고
동백꽃은 피어 있다
일렁이는 푸른 물속에
그림자가 잠겨 있다
아찔한
현기증 속에
꽃 한 송이 떨어진다.

푸른 빛 푸른 고요가
파문을 일으킨다
꽃은 푸른 물 머금고
물은 꽃을 머금는다
다홍빛
요염한 꽃잎을
물에 풀어놓은 채로

꽃이 다 할 수 없는 깊이를
느릿하게 비추며
조각구름 한 송이가
유유히 흘러간다.

눈에는
보이지 않는 발원
툭, 떨어진 꽃 한 송이

하늘 끝에 서서

기댈 곳 없는 이 몸을
가을바람이 흔듭니다

눈 감으면 더 깊은 어둠이
허공을 채웁니다

하늘 끝 어디쯤인지
서 있는 곳 모릅니다.

계절은 저만치서
가을 가고 겨울 옵니다

찬 서리 기러기 하늘을
머리 위에 이고 서서

초승달 야위는 꿈을
가슴 안에 묻습니다.

봄날에

그렇구나 지울 수 없는
그리움은 없는 것

살다보면 밤을 지새우고
풀꽃에 맺히는 이슬

사랑도 고칠 수 있어
세월이 남긴 흉터처럼

한번쯤 나도 학처럼
날개를 펴봤었지

가슴속 파문은 사랑
강 건너 넘어갔어라

꽃 울음 터지는 봄날
나도 한번 울어보리.

고백

아버지, 오늘밤 어떻게 당신 앞에 기도할 수가 있겠습니까.

이글거리는 증오, 터질 듯한 분노, 누를 수 없는 감정에 쫓겨 뱉어 버린 이 함부로의 혀를 용서하시고 내 입에 빗장 쳐 주옵소서. 내 살아 아직은 두 다리로 걸을 수 있는 행복, 내 살아 아직은 세상을 내다 볼 수 있는 두 눈의 행복, 내 살아 아직은 귀를 열어 들을 수 있는 천지의 바람소리, 설혹 간단없이 날아오는 화살이 나를 관통해 온다 할지라도 마음의 방패 갖추어 좁쌀만한 빛 하늘만한 기쁨으로 채우게 하소서. 무거운 짐 절룩이는 발걸음 내려놓게 하시고 한밤에 문득 잠 깨우는 싸늘한 대기大氣 그 원류源流처럼 아름다운 정숙靜寂 그 세상으로 저를 이끌게 하소서. 아버지, 당신의 사랑의 불로 내 영혼의 가마솥을 달구게 하시고 소용돌이치는 고뇌를 잠재워 주소서.

이 밤도 당신 품안에서 평정平靜을 얻게 해주소서.

흐르고 가 닿는 근원

시냇물 한 줄기가
흐르는 걸 보고 있습니다
옷고름 풀어놓은 듯
환히 열린 이 개울물
흐르고 가 닿는 근원을
내가 보고 있습니다.

우리도 언젠가는
어디엔가 이를 그곳
조그만 옹달샘 속에
모여드는 물방울하며
흐르는 저 강물 속에
내 삶을 실어 보냅니다.

수심을 생각하다가
여울물을 새기다가
마침내 돌아가야 할
고향이란 넓은 바다
당신의 크낙한 사랑을
짚어 보고 있습니다.

진규 생각

— 묘소에 와서

한사코 산을 올라도
하늘은 더욱 멀고

억장이 무너진 이별
낙엽으로 밟히는데

구름은 저 혼자 떠가고
너는 오지 않는다.

가을이 깊어 가면
네 생각도 더 깊어져

구구구 산비둘기
저도 안다 울어대고

나무들 옷 벗고 서 있는
저기 산은 등을 돌린다.

젖은 세월

— 나오시마에서

기다리는 이 있어 주면
산채 한 접시도 행복하리

늘 친숙해진 고독
꽃잎마다 입술이 터진다

귀뚜리
목청이라도
내 곁에 오기만 해다오

숨 막히는 녹음
불기둥을 세우는데

구름 같은 사연 만 리
바람처럼 불어 가다오

네 세월
아직은 먼데
젖은 날들 타오른다

폐허의 노래

지팡이도 관절을 앓는다
내 말은 잘 안 듣고

늙은 등 굳은 허리
가려움도 힘에 겨워

투박한 다리를 이끌고
더터오른 내 세월

고향길 멀어지고
찾아갈 길 아득해라

주름 진 거친 손등
저승꽃이 점찍는다

그 꽃도 꽃이라 하던가
굽어보는 이 폐허

피지 않는 꽃

봄이면 서로 다투어
꽃들 피어나지만

아무리 기다려도
피어나지 않는 꽃이 있다

햇빛도
바람도

들지 않는
내 가슴속
응달에.

민들레

바람에 날린 홀씨
정처 없이 떠돌다가

매연의 흔적도 사라진
망망茫茫한 정적 속을

한줄기
철길은 떠나고
노랗게 핀 민들레여.

뜨거운 태양 아래
알몸으로 나선 목숨

영욕의 세월 너머에
이영차 흙을 밟고

차전자車前子
뿌리를 내려
하얀 머리 가이없다.

적일寂日

지다 만 단풍나무
배를 깔고 누운 바위

비는 뿌리다 멎고
풀벌레 울음은 긴데

해 저문
적막이 찾아와
혼자 서성거린다

비밀

바람도 둥지를 떠나고
구름 따라 새들 가고
산에 산 물에 물
세월만 덮였어라
내 생애
걸어온 자국
돌아보면 비어 있고.

사람이 사는 일이
어디 꽃길만이 있던가
가다가 넘어진 상처
황홀하게 앓았었지
밤이면
가시나무새
피울음을 쏟으며.

지창紙窓

불을 끄고 잠을 청해도
생각은 천만 리라

나뭇잎 흩어가는
바람 소리 몸 시린데

창문에
어리는 달빛
밤을 도로 앗는다.

가시나무새

바람 따라 들어와 앉은 새
구름 따라 떠나가고

꿈속에 숨겨둔 작은 꿈
가슴 저린 기억들이여

석양은 재 넘어가는데
하늘 끝은 젖어든다.

허기 진 공복을 달래며
돌아앉은 이승의 덫

인생길 여로에서
벗어 놓은 내 어스름

아파라 가시에 찔려
피 흘리는 가시나무새.

뜰 안의 바위

그 운명이란 것을
난 피할 수 없었어라

찬바람 흐르는 소매 깃
달빛마저 스며들어

귀뚜리 울음을 덮은 채
꿈도 꾸지 않는 바위

깊은 침묵 하나로
어둠을 살라먹고

다 닳은 목숨이야
설사 버려진다 해도

울음도 웃음도 난 몰라
내 뜰 안에 누운 바위.

허기

뻐꾸기 울음소리가
덕 너머에 못을 박는다

무덤 같은
적막을
남은 날의
시장기를

길손들 벗어 놓고 간
무주공산 이 허기를

별

내게도 별이 있던가
꽃빛깔 수를 놓던

머리맡에 걸어 두고
눈 시리게 바라보던

어느 날 훌쩍 떠나서
돌아올 줄 모르던

별처럼 따르던 사람
별처럼 키우던 사람

지금은 그 빈자리
쓸어안고 잠이 드네

꿈속에 별을 찾다가
나는 또 길을 잃네.

2

기도의 섬_길 위에서_당신의 큰 손 안에_하늘도 무겁고_미망迷妄_공복空腹_사는 날에_여윈 바다_낯 익은 슬픔_사약_저녁종_열사흘 달_저녁이 되어도 빛은 있다_강 앞에서_코스모스 서정_불국사_애월涯月에서_사라봉 낙조_노을 앞에서_철길

길 위에서

기도의 섬

사람은 누구에게나 슬픔이 있습니다
남에게 보일 수 없는
괴로움이 있습니다
꾹 참고 묵묵히 굴리는
그 묵주가 있습니다

더러는 그 슬픔이 어혈로나 엉겨 붙어
서로들 몸을 부비며
눈물 된다 할지라도
설사 그 눈물에 떠오른
섬이 된다 할지라도

이제는 그 슬픔이 마주 앉은 친구처럼
속속들이 사금砂金을 일 듯
떠올리는 옛이야기
그 밖에 더 할 이야기
주님 앞엔 없습니다

길 위에서

짧은 해 등에 지고
오늘도 길을 나선다

산도 있고 물도 있고
꽃도 있고 새도 있고

가다가 사람을 만나면
손잡고 말도 건네고.

어디쯤 나는 왔나
남은 길은 또 얼마인가

길동무 먼저 보내고
혼자서 떠돌고 있네

돌아가 쉬는 날까지
나는 걷고 또 걷고.

당신의 큰 손 안에

태초에 천지를 열고 이 세상을 창조할 때
당신은 "빛이 있으라" 고 하셨습니다
그래서 저녁이 오고 아침이 열렸습니다

저는 언제부턴가 밝음보다 어둠이 좋아
어둠사리 낄 무렵이면 편안한 안도가 좋아
어스름 윤곽을 남기고 잦아드는 어둠이 좋아

서산마루 석양이 지면 주황빛이 감빛으로
감빛이 진홍으로 또 적동색 종언終焉으로
당신의 크나큰 손길 침묵의 밤이 좋아

당신이 깔아 준 땅 포근하게 깔고 눕고
당신이 덮어 준 하늘 아늑하게 덮고 누워
주님이 부르신 나라로 제가 찾아갈 겁니다

하늘도 무겁고

내 몸은 고목이던가
자꾸만 구부러져 간다

승강기 속에서도
사람만 안 보이면

뒷벽을 지렛대 삼아
등에 지고 내가 버틴다

그래도 승강기를 나오면
누가 볼새라 곧추서고 싶다

그런데 마음은 앞서고
다리는 휘청거리고

보폭을 잡아 보지만
그만 주저앉고 만다

밤이면 기지개 켜고
몸을 늘려도 보지만

위로는 하늘도 무겁고
등 뒤에 구들도 무겁고

마음은 허공을 잡아도
의지할 곳 없음이여.

미망迷妄

문 붙이고 앉았으면
무덤처럼 어둡고 춥다

슬픔만 낯이 익어
불러놓고 다독이며

눈물도 다 마른 내 생애
또 하루를 넘긴다

사람을 잃고 나니
잃을 것 더 없어라

바람처럼 구름처럼
떠돌고픈 미망迷妄의 세월

오늘도 기약 없는 길
절룩이며 또 걷는다

공복空腹

보릿고개 멀리 갔어도
봄날은 배고파라

꽃들 다투어 펴도
적막한 이 한 철이

두견새
쏟는 울음만
빈 가슴을 채운다.

사는 날에

살고 또 살아왔건만
하루하루 무너지는 소리

불러도 메아리 없고
이 저승 아득하네

남은 삶 핏줄을 당겨
아프게만 살아가리라

계절의 한 토막이
노을로 타는 산동네

세월은 사는 날 위해
푸른 언덕 달려가고

일상의 어깨 너머로
저녁해가 떨어진다

여윈 바다

달빛은 파도를 쓸고
아픔은 알몸으로 누워

까마득 그리운 사람도
그리워 할 사람도

이제는 어디도 없네
등대 홀로 저문 바다

잔 물결 여윈 바다
행방 잃은 바람의 사연

철석이는 파도 저 넘어
허무 속에 저무는데

새도록 불면의 파도
저 너머에 깜박인다.

낯 익은 슬픔

남들은 나를 보고
덩그런 줄 알지마는

슬픔도 이제 낯익어
이야기도 서로 나누고

인연들
떠나간 자리
잃을 것도 다시 없네

미망의 한 세월도
바람 따라 사라지고

접었다 펴는 하루해
오늘도 저무는데

서산을
넘는 새 한 마리
가물가물 가고 있다.

사약

그리움도 사약이라서
온몸으로 번지는 불길

밀물처럼 들어온 세월이
썰물처럼 나갔는가

황량한 울음소리가
이 갯벌에 질펀하다

몇 겁劫의 물결은 오가고
수평선은 떠 있는데

한번 가고 못 올 길이라면
꿈길은 왜 두었는가

뒷모습 찾을 길 없어라
아 유한한 그림자여.

저녁 종

저녁 종 흐르는 소리
어디 가서 사무치나

골짜기 가득 넘치는 가을
물소리가 다 흔들고

풀벌레 울음소리에
잦아드는 이 하루

비에 젖는 어스름
흐느끼는 다 저녁때

미망의 숲을 헤쳐
혼자 걷는 내 그림자

옛 얘기 소생한 불빛이
하나 둘씩 번진다.

열사흘 달

— 늪지산장에서

솔바람 파도 소리 따라
썰물 져서 나간 이 밤

일광산 깊은 숲 속
모닥불은 타오른다

모정慕情은
하늘에 닿고
밤은 깊어 자정인데

고즈넉 열사흘 달
말을 보태 무엇 하리

천지의 막막한 정
달무리로 담아 두고

모깃불
오르는 사연에
어질 머리 나 앓는다

저녁이 되어도 빛은 있다

"일몰은 그날의 태양의 궤적軌迹을 밟습니다"
해 질 녘을 바라보는 어느 시인의 말입니다
가만히 저무는 하늘을 나도 바라보고 있습니다

그때 저 하늘은 아무 일도 안 합니다
산도 아무 일을 안 하고 있습니다
한없이 아름다운 석양 빛 그냥 쬐고 있습니다

황금을 녹여서 흘리는 것 같은 노을빛
암적색暗赤色 암자색暗紫色으로 바뀌어 가는 저 빛
마침내 암암暗暗히 저물어 잦아드는 잿빛 하늘이여

저는 석양의 아름다움을 받을 때마다 느낍니다
마지막 아름다움이란 슬픔이고 눈물인 것을
당신은 절 세워 놓고 가르쳐 주고 있습니다

강 앞에서

흘러도 혼자인 강
깊어도 혼자인 강

낮도 밤도 없이
쉬지 않고 흐르는 강

뒤돌아보는 일 없이
앞만 보고 달려간다

내 살아온 날
돌아보니 강이어라

때로 산도 뚫고
벼랑도 넘었어라

아직도 닿지 못한 바다
한뼘 해만 남았어라.

코스모스 서정

— L에게

저렇게 가는 몸으로
어떻게 꽃을 피웠을까

푸른 하늘 뜨거운 햇살
갈망으로 받아 입어

감기는 가녀린 바람도
긴 목에는 피로했다

따라오라고 따라가자고
길은 저기 누워 있고

돌아본 세월 한 자락
이슬 맺힌 하얀 눈물

내일은 덕 너머 마을
목을 늘인 사슴이네

불국사

저녁놀 한자락을
눌러앉은 불국사佛國寺는

단청丹靑이 무거워서
금이 가는 석벽石壁인가

고이신 세월이 많아
기울어진 탑塔이런가

촛불로 밝혀 둔 연꽃
엎드려 합창하면

자비로운 가사장삼
억겁億劫을 거두시고

흰구름 몰고 온 천년학千年鶴
신라하늘 열린다.

애월涯月에서

수평선 저쪽에서
누가 나를 기다리나

절벽은 여기 있는데
달은 아직 뜨지 않고

파도만
어둠을 몰고 와
발 밑에 부서진다.

지는 해 바라보며
갈대는 목을 꺾고

뜨는 달 기다리다
돌처럼 굳은 슬픔

쌓았다
허무는 모래성
바람이 쓸고 있다

사라봉 낙조

노을을 보러왔다
여기 한라의 발 끝자락

목메는 핏빛 울음
남녘 바다가 타고 있다

그리움
발돋움해도
돌아앉은 섬 하나

훌쩍 떠나가 버린
그 하늘 어디인가

두 팔 벌려 안아도
가슴은 빈 바람 소리

갈매기
노을 속으로
끼룩이며 날고 있다

노을 앞에서

저리 높고 드넓은 하늘
단숨에 태우기까지

해는 무슨 아픔을
안으로 끓여 왔는지

하루를 겨우 넘기면서도
온몸으로 불사른다.

노래인가 절규인가
핏빛 바다 눈부셔라

나도 가졌던 사랑
태울 것이 있었던가

일몰의 노을 앞에서
빈 가슴만 물들인다.

철길

가는 길 하나이어도
끝내 만날 수 없는

두 줄 평행선이
목이 쉬어 울고 있다

사랑도 하나일 수 없는
철길 위를 달렸던가

지는 해 뜨는 달 있어
보낸 세월 잊었어도

돌아보면 산길 물길
숨 가쁘게 넘었어라

종착역 눈앞에 두고
문득 나는 혼자이구나

3

시간 속으로_사랑은_시를 쓰다가_산목련_그리움 손은 안 닿고_봄밤_노을의 뒷모습_애가哀歌_고목_석양夕陽_삭풍朔風 앞에서_비파호琵琶湖에 와서_하늘새_한라산_단풍 앞에서_불씨_다시 그 바다_무릎 꿇고_몰디브의 기억_로자리오의 섬

하늘새

시간 속으로

떨구고 싶지 않은
기억의 잎새 하나

바람은 무심히도
데리고 가는구나

아득히 먼 시간 속으로
손 흔들며 가는구나

그 날 꽃씨 하나
익어보지 못한 채로

봄 가고 여름 가고
빈 가지에 바람 불어

한 잎의 그날이 진다
세월 밖에 내가 진다

사랑은

내 아픔 풀어놓은 가슴
흩어지는 풀밭 위에

슬픔은 갈기를 세우고
북풍은 굽을 놓는다

등 너머
사라진 불빛들
소생하는 별빛 하나

언덕을 넘어도 또 언덕
세월은 더욱 멀고

별빛은 저렇게 밝은데
내 가슴은 어두워라

사랑은
시장기 같은 것
갈수록 허기진다

시를 쓰다가

꽃 진 자리 꽃 피기를
기다리는 마음이여

꽃의 영혼은 꽃 속에 사는데
내 영혼은 어디에 사나

나목裸木은
눈 감은 채로
잠든 하늘 걸고 서 있다

잠시 나를 떠난 한숨은
낙엽으로 풀밭에 눕고

아슬히 혼자 걸어온
되돌아본 오솔길이여

바람과
구름 사이에
놓여 있는 시인의 집

산목련

응당 펴야 할 꽃은
어느 골에 숨었는가
산 넘고 물 건너에도
오지 않는 봄은 있어
산목련 자취는 없고
향기만이 흐르는가

산 아래 황토 언덕
꽃으로 피는 적막
바람은 풀섶에 눕고
구름은 머무는데
산목련 기약은 없어라
목을 놓는 골물소리

그리움 손은 안 닿고

베갯모에 지친 내 세월
석등石燈처럼 흐린 기억

수반에 혼자 핀 동백꽃
저만치에 손이 안 닿고

지척에 사람은 그리운데
정은 멀어 만 리라네

봄밤

봄이 오는 길목 어디에
그는 가고 추억은 서 있다.

어둠은 무너져 내리고
풀꽃에는 한 점 이슬.

꿈마저 성문을 열었나
파수꾼도 없는 이 밤.

갈 사람 보내 놓고
강물은 풀려내려

그리움 비껴 서서
꽃망울이 맺히는 밤.

적막도 황홀하여라
구름 열고 가는 달빛.

노을의 뒷모습

아슬한 그림자 놓고
찾아오는 그의 모습

다습던 그 목소리
가슴으로 이어진다

꺼질 듯 뜨거운 불씨를
밟는 듯도 하여라

가뭇없이 사라진 기억들
빈자리만 남겨 두고

망각의 언덕 저쪽
어스름은 깔리는데

손 놓고 떠나는 노을
뒷모습이 아름답다

애가哀歌

— 오제에서

여릿여릿 여린 녹음은
샘물처럼 솟아나고

스며드는 골물소리는
가슴으로 고여 들어

너 가고
하늘도 빈자리
내가 혼자 여기 서 있다.

지불산至佛山 잔설殘雪은 시린데
물파초는 돋아나고

물결처럼 흘러가는
세월이란 외나무다리

뻐꾸기
울음소리만
너를 불러 목이 메인다.

고목

피붙이 살붙이 하나
찾아올 이 없는 이역

세월의 허허벌판
벤치에 기대앉았다.

망각에
잡히지 않은
시간이여 허상이여.

절룩이며 휘청거리며
여기까지 왔는데

저물어가는 황혼은
고목枯木에도 걸리지 않고

허공에 눈발 흩으며
잦아드는 기적 소리

* 이 시는 사할린 교포가 있는 어느 시골 양로원에서 썼다.

석양夕陽

가는 세월 황혼 한 자락
기울어진 하늘빛이여

어젯날 뒤로 하고
돌아앉은 저녁 어스름

가로등 휘황한 그림자
발길 자꾸 밟힌다

생각 속에 저버린 꽃들
눈부시던 그 시절이여

꿈은 꿈으로 지닌 채
석양천 가고 싶네

하늘도 절규를 하는가
핏빛 노을 떨어진다

삭풍朔風 앞에서

묻지 마라 내 가슴속
과녁 물고 우는 화살

가을걷이 끝났는가
세월은 허허벌판

서산에
해는 기울고
홀로 세운 그림자

도끼로 나를 찍어도
흘릴 피도 없는 고목

저녁노을 억수 정한
눈시울엔 너무 고아

가지는
설한雪寒에 꺾인 채
삭풍 속에 우는 죽지.

비파호琵琶湖에 와서

그 날 묻고 간 그리움 찾아
내 발길 여기 왔노라

산빛 물빛 그대론데
사람만 가고 없다

내 슬픔 어찌 알았는가
갈꽃만이 하얗게 웃는구나

초승달 넘어가고
물새들도 잠들었다

호수만 홀로 깨어
바람결에 뒤척이고

별빛만 쏟아져 내려
빈 가슴을 쓸고 있다.

하늘새

— 하소백연지蝦沼白蓮池*에서 먼저 간 아들에게

아늑한 들길을 건너 백연지白蓮池로 이끌린다.
기도보다 하아얀 꽃 펼쳐지는 눈길 앞에
천지의 우수이던가
은빛 햇살 미소던가

치솟는 불꽃처럼 타버린 인연처럼
대낮의 별빛을 받아 사랑으로 익은 소망
푸른 잎 치맛자락에
감싸 안긴 훈풍이여

번뇌의 문 밀고 들어 극락문 건너서면
눈물의 빚 다 갚고 흰 이슬로 얻은 사리
불길을 밟아 넘어서
침묵으로 나앉은 꽃

연蓮이여 더 맑은 꽃이여 관세음觀世音의 화신이여
나 지금 하늘새 되어 나래 접고 내려서노니
어느 날 연꽃 더불어
너를 싣고 하늘 길 가리.

---

* 하소백연지(蝦沼白蓮池) : 천상 흰 하늘새 서식지.

한라산

있는 듯 없는 듯한 바람에
작은 잎새
뒤척이며

나긋나긋 휘어진 대궁
싸리꽃은
흔들린다.

천지도
바람에 맡긴 채
거스르지 않는 가을

단풍 앞에서

알겠네. 봄 여름 동안
안으로만 키워 온 불씨

저리 들끓는 정한情恨
어찌 혼자 견딜거나

내 옷깃 스치기만 해도
나무 되어 타오르겠네

슬픔은 묻어 놓고
기쁨만 칠해 온 얼굴

이제는 아픈 상처도
곱게 물들여 보이고 싶네

바람에 지는 잎일망정
사랑 한번 뽐내고 싶네.

불씨

선짓빛 숨은 불씨
갈아입는 눈 먼 흰옷

가슴속 이 잉걸불
식은 재만 날아가네

내 시름 덧씌워 본들
불씨 다시 살아날까

접시꽃 봉선화꽃
활활 끓던 꼭두서니

기운 해 붉은 노을
저물 줄을 나는 몰라

뉘 몰래 다둑인 목숨
불씨 하나 타고 있네.

다시 그 바다

— 도야마 비취翡翠 곶에 와서

파도에 깎인 돌밭
햇빛에 눈부셔라
그리움 묻힌 이 바닷가
그 날은 썰물로 가고
수평선 밟고 건너오는
갈매기만 목이 멘다

비취빛에 감아 도는
물결은 그대론데
사람은 가고 나면
돌아오지 않는 걸까
노을로 타오르는 불길
무너지는 저녁 바다

무릎 꿇고

— 운선雲仙 지옥

손발을 묶이고
족쇄가 채워진 채

끓는 열탕 속으로
끌려가는 순교자들

그 날의 사제司祭들의 모습이
안개 속에 젖어들다.

쏟아지는 비말飛沫을 보이며
기교棄教하라 강요당해도

더운 물 퍼부을수록
열탕보다 끓는 신심

배교背教는 순교보다도
죽음 앞에 두려웠다.

비인지 눈물인지조차
분간 못할 나의 그 날

끊어진 현악기처럼
더 울 눈물조차 나는 없어

빗속의 당신 목소리
무릎 꿇고 들었었다.

몰디브의 기억

흔들흔들 흔들리고 있다
기억도 환상마저도
일렁이는 감청紺青 물빛
일렁이는 붉은 저녁놀
섬들은 열대빛 입고
흔들리는 신기루였다.

육지의 나라가 아니라
넓고 넓은 바다의 나라
남자는 바다의 아들
여자는 물길을 따라
펼쳐 놓은 바다를 좇아
참치 잡는 사나이들

그날의 바다에 와서
내 가슴에 너를 운다
만선滿船한 고기도 배도

빼앗기고 유배된 두 달
화인火印을 지지듯 하던
내 큰아이 생각난다.

---

* 1979년 참치잡이배가 불법적으로 나포되어 큰아들 진우가 두 달이나 억류되었다.

로자리오의 섬

— 답회踏繪*

안제라스 종소리
먼 산을 넘어가고

저녁기도를 마친
사제의 검은 수단이

푸른 잎 종려棕梠 나무 사이로
아슴히 멀어져 간다.

길이 30, 폭 20센티의
판자 속에 박힌 성상聖像

너의 아픔을 내가 안다
동판 속의 그 분의 말씀

발가락 다 닳았는데도
맑은 눈빛 고요하다

책권簀券*, 혈조穴弔* 갖은 고문당해도
침 뱉을 수 없는 성상聖像

이승의 죽음이
영겁의 안락으로 이어지는

또 다시 성상 밟기는
그 심판을 재촉한다.

— 밟아라 밟아도 된다
— 아니 밟아서는 아니 된다

---

* 답회(踏繪, 후미에) : 그리스도인에게 성화상을 밟게 해서 신앙을 시험했을 때, 그 밟게 했던 성화상을 '후미에[踏繪]' 라 한다. 많은 사람이 밟아서 엄지발가락 닿은 자국이 마멸되어 있다.

* 책권(簀券, 수마키) : 신자의 손발을 움직이지 못하게 묶어서 대나무살로 말아 바다에 던져 죽이는 것.

* 혈조(穴弔, 아나츠리) : 키보다 깊게 구덩이를 파서 거꾸로 매달아 죽이는 고문.

종소리 저녁놀 속에서
먼 여운을 긋고 가고

피 흘린 기리시단의 애가哀歌
대강항大江港에 스러진다.

—아마쿠사 스자키 교회天草崎津教會에서

4

가을밤에_카사블랑카_눈이, 눈이 온다_동백이 진다_새떼_세한도歲寒圖를 보며_날마다의 선종善終_사프란_봄눈_욥기_가훈家訓_비둘기_가미시마神島에 와서_아마쿠사天草 순교지에서_석림石林 - 문門 앞에서_석림石林 - 칼의 산山 불의 바다_석림石林 - 하늘 꽃밭_다시 그 강_백합白合의 딸들 빛 부신 날개로!_인생은 여로, 사랑은 여수의 등불

카사블랑카

가을밤에

창밖에 나뭇잎이 지는 소리가
내 머리맡에 쌓입니다

책을 덮고 불을 끄고 누워
오지 않는 잠을 부릅니다
내 살아온 날들이 벌레 소리처럼
발끝에서 기어오릅니다

눈을 감고 생각을 떨쳐도
잊고 있었던 아픈 일들과
가슴 한쪽에 자리 잡고 있던
슬프고 아름다운 기억의 물살이
더욱 나를 흔들어댑니다

혼자인 것이 두렵습니다
외로움이야 버릇처럼 길들여져도
이렇게 긴 가을밤을
혼자 건너기에는
창밖에 나뭇잎 지는 소리가
너무 크게 들립니다

카사블랑카

그 사내, 여자를 사랑할 줄 아는
험프리 보가트
영화 카사블랑카에서 차고 빛나는
눈빛으로 세상의 여자를 사로잡던
내 젊은 날 가슴에 물이랑을 일으키던
나이가 들어도 지워지지 않는
흑백의 그림자.

카사블랑카는 꽃이름이었다고?
어느 날 꽃꽂이 전시회에서
친구가 알려주었을 때
나는 백합과의 그 꽃에
얼마나 오래 눈을 빼앗겼던지

북구北歐의 이지와 정열의 여자—
아름다운 여자 잉그리드 버그만에게
남편을 돌려 보내주던
그 사내 험프리 보가트

지금도 한 송이 흰 꽃으로
내 눈 속에 피어 있는.

눈이, 눈이 온다

서울에서는 못 보던 눈을
사월초의 기누가와에서 맞는다

큰딸이 안식년을 얻어
한 해 동안 츠쿠바대학 연구원으로 가게 되어
내가 동행을 해서
시집 보낸 지 서른 해만에
두 모녀만의 오붓한 시간을 가졌다

전에도 한두 번 갔었던
기누가와를 찾았을 때
목련꽃잎만한 눈송이가 퍼붓고 있었다

에워싼 산들은 눈꽃으로
마치 천상의 세계인 듯 깊어지고
기누가와의 강물은 흰 천으로
내리는 눈을 삼키며
갈매기들을 띄우고 있다

머리 위에 얼굴에 부딪치는 눈발이
나이를 넘어선
어미와 딸의 가슴속에
말 없는 말로 녹아든다

눈은 내려서 자꾸 쌓이고
내가 알아듣지 못하는
눈의 말은 바람에 쓸려 간다

동백이 진다

꽃이 붉기로서니
동백처럼 서러우랴

웃음 같은 꽃들도 많다만
왠지 동백은 울음 같은 꽃이다.

오늘은 유채꽃이 들판을 물들이는
만요무라萬葉村를 지나 츠쿠바筑波 산에 와서
절벽에 핀 동백을 본다.

모진 눈바람을 이겨내고
봄보다 앞서 봄을 찾아온
동백의 아름다움은 몇 날이던가.

무언가 할 말이 있었을 텐데
누구 보아주는 이 아랑곳없이
후두둑, 온몸을 던져 떨어지는
저 동백의 슬픈 추락

그래 어차피 질 것이라면
칼 맞은 듯 피를 쏟아야지
지는 동백 앞에서
바다 건너오는 봄을 읽는다.

새떼

어디서 날아온 새들일까
친구들과 겨울여행으로 찾아든
이웃나라 온천마을 이토伊豆
하늘을 덮고 날아가는 새떼들의
군무群舞를 보았다.

기러기, 청둥오리, 도요새
그 새들의 이름은 알 수 없지만
분명 먹이를 찾아
몇만 리 하늘을 날아왔을
살아 있음의, 살아간다는 것의
아니 생명이 있는 것의 몸짓이
저렇게 황홀한 것인 줄 몰랐었다.

귀에 들리지는 않지만
바람을 헤치고 나아가는
날갯짓의 소리며
울음보다 더 짙은 숨소리가
하늘을 흔들 것이다.

애비 어미 새끼들을 데리고
먹이사냥을 하러
하늘을 누비는 비상을 보며
사람들이 새를 꿈꾸는 일이
헛된 것임을 알았다.

세한도歲寒圖를 보며

서슬 퍼렇던 왕조의 시대
제주도 대정에 유배 가서 그렸다는
추사의 세한도를 보며
나는 창밖의 잎진 나무를 생각한다

겨울이 되면
잎이 지는 것이 오히려 순리이거늘
소나무, 잣나무처럼
겨울에도 잎이 지지 않는 나무를
변하는 세태의 인심에
한결같은 마음을
옛 선비는 높이 샀구나

유난히 눈도 많이 내리고
추운 겨울에
나는 잎이 진 나무가 되어
누구 찾아올 이도 없고
찾아 갈 사람도 없으니
바뀌는 사람 마음인들 어찌 탓하랴

다만 봄이 되기를 기다릴 뿐
그러면 나도 잎이 피어
소나무. 잣나무와
한데 어울려 푸르러질까?

날마다의 선종善終

이별이 없는 만남이 없듯
이렇게 왔으면 가는 날 있겠지요
그러나 아직은 할 일이 남았다고
미련은 왜 못 버립니까

언젠가 찾아올 죽음도
내 것 아닌 양 밀쳐 두고서도
죽음을 앞에 둔 사람들의 이야기에
저는 자꾸 몸이 떨립니다

밤에 잠이 들어 아침을 다시 못 본다 해도
당신의 품에 편안히 맡기고
오늘토록 살아온 것에 감사할 수 있는
그런 마음이 제게는 아직 없습니다.

하오니 주님
날마다 선종의 날로 하고
아침에 다시 삶을 허락받는 은혜를
감사하는 믿음을 제게 주옵소서.

사프란

가는 겨울이 아쉬웠던가
봄눈 소리 없이 쌓인다
새하얀 시트를 깔고
첫날밤의 신부처럼
수줍은 눈빛을 한다
휘파람새 열리지 않은 목청으로
울음을 쏟아내듯
안으로 머금은 따뜻한 슬픔
햇살에 눈을 틔우는
새 봄의 미소여.

봄눈

춘분 가까운 날
때를 잊은 듯 눈이 온다
봄을 준비하는 나무들은
손을 흔들며 눈을 맞는다

창밖 회나무 단풍나무에
눈꽃이 피는 것을 바라보다가
문득 서른 해 전 우리 내외와 함께
형제인 듯 정을 나누던
L박사 부부의 갑작스런 부음을 생각한다

대학교수이며 신경외과 의사로
명망이 높았던
L박사 부부의 이순의 나이에 목숨을 앗아간 것은
방바닥에서 새어나온
연탄가스였다
나의 친 혈육도 아닌데
얼마나 가슴을 쥐어짜며 통곡을 했던지

남편이 세브란스에 입원했을 때
꼬박 두 해 동안 하루도 거르지 않고
병실을 찾아주던 L박사
그분들이 세상을 떠난 후에는
우리 집안의 일을 그토록 보아 주던
그런 은혜는 다시 없었다

이제 나도 저물어 가는 나이
봄눈 오는 날을 또 얼마나 맞을까
눈 맞은 나무들 우듬지에
이슬이 맺는구나.

욥기

어찌 하라는 것입니까
얼마나 더 깊은 상처와 고통을 겪어야
비로소 잃었던 것들을
되돌려 주시겠습니까

주님
세상에 갖고 싶은 것
돈과 명예와 권력과 젊음이 있다 한들
제 소중한 사랑이 없다면
사랑하는 사람을 잃고 산다면
그것은 죽음보다 더 캄캄한 형벌입니다

저는 사랑 하나를 잃고
쓰러져 통곡을 하면서
저 욥이 겪은 시련과
끝끝내 배반하지 않는 믿음을
생각합니다

주님
한사코 이겨내고 싶습니다
헤어날 수 없는 이 나락에서
오직 한 줄기 용서라는 밧줄을 잡고
사랑보다 큰 사랑에 오르고 싶습니다
욥처럼 내 사랑 되찾고 싶습니다
돌려받고 싶습니다

가훈家訓

내 본관은 경주인데
신안주씨新安朱氏 집으로 시집을 왔다

우리 집은 고려의 대문장
익제공益齋公의 후손이라는데
나는 가훈을 모르고 자랐다
시집을 오니 주씨댁朱氏宅 가훈이
남을 대할 때는 봄바람같이 하고
나를 다스리기는 가을서리처럼 하라對人春風 持己秋霜
이었다

그러나 나도 아내구실 어미노릇 하느라
가훈 같은 것 까맣게 잊고 살다가
환갑도 지나 신사임당상을 받았을 때
신문과의 인터뷰에서 그 말을 처음 썼다

돌이켜 보면 나는
가훈을 따르기는커녕
오히려 거슬러 살아온 것 같다

나 자신에게는 한없이 너그럽고
남에게는 엄하게 대하지 않았는지
성당에 나가고 성경을 읽고
아침저녁으로 기도를 하면서도
나는 나를 용서하면서도
왜 남을 용서하는 데는 인색했는지
오늘은 주님 앞에 무릎을 꿇고
나를 맞아 주고 아들딸들과
손자 손녀까지 내려주신
시댁의 가훈을 아뢰고 싶다

생각과 몸이 다르고
마음과 행동이 서로 어긋나는
모순덩어리의 나를
가을서릿발로 아프게 매질하고 싶다

비둘기

눈 내린 성당 마당에
비둘기들이 무언가를 쪼고 있다.
벌레나 낱알 같은 것
눈 속에 있을 리 없는데
무슨 먹이가 있을까

잿빛 비둘기들에 섞여
흰 비둘기 한 마리
빨간 눈빛이 더 곱다.
하늘나라에서 온 눈과
평화의 꽃잎 물어 나르는 비둘기가
겨울 아침을 수놓고 있다.

저들의 조용한 속삭임
문득 줍고 있는 것은
모이가 아니라
사람들은 모르는
따뜻한 하느님 말씀이라는
생각이 든다.

가미시마神島에 와서

오래전 읽은 미시마 유키오의 소설
시오자이潮騷로 더 이름이 난
가미시마神島의 호텔 커피숍에서
바다를 내려다보며 차를 마신다.

다람쥐 쳇바퀴 돌리는 일상에서 벗어나
이국의 풍광에 젖는 한때
살아온 날들의 이야기며
한 줄의 시詩를 멀리 던져두고
해넘이에 와 있는 여학교 친구들과
얼마 남지 않은 시간을 마시듯
더운 커피를 조금씩 넘긴다.

산다는 것은 때로 달고
때로 쓰기도 한 것
시야를 끝없이 넓히는 태평양에
마음에 가둔 그림자를 띄우면서
여기서 신들이 살았었다고?
잠시 죽음이 없는 시간을
꿈꾼다.

아마쿠사天草 순교지에서

골고다 언덕에서 피를 흘린
예수님 한 분으로는 모자라는 것인가
우리나라에 천주교가 들어온 것은
이백 년 남짓한데
이웃 섬나라 일본은 이미 사백 년 전에
천주교 신자들이 순교한 성지가 있다
"어서 갈까나 어서 갈까나
 우리의 파라이소* 그곳에"
갯벌에서 젖혀지는
노래 오라쇼*의 놀치는 물결에 이끌리어
'펄라인' 다섯 개 다리를 건넌다

낙일落日의 거리
일천 순교자 무덤이 있는 순교공원에 길은 이어지고
바다의 성당 스자키崎津로 간다
"네가 믿지 않으면 나를 밟고 가라"

차마 밟지 못하고 죽음을 맞는 사람들
나는 어찌 했을까?
목숨을 버리지 못하고 예수님을 밟았겠지
나의 배교背敎에 누가 벌을 줄 것인가
성배聖杯가 그려진 진중기陣中旗 앞에 무릎을 꿇으며
내 발바닥에 검은 못이 박혀 드는
통증을 느낀다

아마쿠사의 바다는 포도줏빛으로 물들고
세월의 배신背信을 고발하고 석양이 진다.

---

* 파라이소 : 포르투갈어, 천국.
* 오라쇼 : 찬미예수.

석림石林

— 문門 앞에서

두드리면 열리는 것입니까
소리쳐 부르면 대답도 합니까
가슴에 쌓아둔 이 많은 아픔을 두고
당신의 문 앞에 섰습니다

억겁의 세월을 넘어
안으로 끓어오르던 불의 바다를
견디지 못해
하늘을 향해 뻗쳐오르다가
여기 돌이 되어 터뜨리는 통곡이
당신의 것입니까

손을 대지 않아도
뿜어 올리는 피의 숨소리
귀 기울이지 않아도
해일로 넘어오는 슬픔의 파도 이끌려
깊은 바다 속으로 끌려갑니다

돌아서야 합니까
눈 멀어 기다려 온 세월
다리 절며 달려온 이 문 앞에서
당신의 영원만 바라보고
지는 노을이어야 합니까

바람 소리여야 합니까.

석림石林

— 칼의 산山 불의 바다

이제야 사랑을 보겠네

꽃 피고 잎 지는 날 그리며
가슴앓이 하던 시절
이제사 헛것임을 알겠네

귀밑머리 풀어헤쳐
흰머리가 될 때까지
아들 딸 기르는 것
사람의 일이라지만
하느님이
맺고 푸는 사랑
따로 있음을 알겠네

여자와 남자가 있어
이루지 못한 사랑
남자의 그리움은 하늘 높이 솟아올라
굳고 빛난 칼산山이 되고
여자는 그 발 아래 활활 타는 불꽃 바다

억겁으로 같이 살라고
산山이 되고 물이 되었는가
저렇게 울부짖고 차오르는 산山과 바다

그것이 사랑이라는 걸
이제서야 내가 알겠네.

석림石林

— 하늘 꽃밭

땅 위에 하늘이 있고
하늘 아래 땅이 있어
삼라만상이 모두 꽃이다마는
바다가 용솟음치고
하늘이 손을 내밀어 피워 올린
이 장엄한 돌숲 앞에 서니
세상의 꽃들이
한낱 티끌임을 알겠네

바다가 산이 되고
산이 바다가 되던 그 날

불기둥이 치솟다가 치솟다가
해. 달. 별. 사람. 새. 물고기. 짐승의 모습으로
제각각 하나씩 만들어 가지고
서기도 하고 앉기도 하고 눕기도 하고
걷기도 하고 뛰기도 하고 춤추기도 하며
어떤 것은 웃고 어떤 것은 울고
어떤 것은 노래하며

몇억 년토록 죽지 않고 살아
햇빛 바람을 다 마시는 꽃밭
이 돌숲에 와서야
사람의 한 생이
찰나도 못되는 꽃잎임을 알겠네.

다시 그 강

— 구상 선생님 3주기에

지금도 푸르게 넘실대는
크고 먼 강입니다

이 적막한 언덕에
저희들 남겨 두시고
선생님은 어느 강변에서
긴 그리스도폴을 노래하시는지요

여의도 시범 아파트 17동 401호
관수제觀水齋 창 너머 보이는
한강에 선생님의 「강江」이 시비로 서서
서울을 넉넉히 지키고 있어요

선생님이 저희 곁을 떠나신 지 세 해
제자들과 문우들이 산소에 갔습니다
느릅나무 갈참나무 산벚꽃의
푸른 생명이 푸르게
환한 하늘에서 쏟아지며
우리를 반기어 주었어요

저는 절을 올리며
속으로 말씀드렸지요
'선생님은 제가 가장 반가우시죠?'
'오— 그래 너 왔구나'
부드러운 선생님의 음성을 저는 들었습니다

선생님의 그 높은 정신과 시의 세계
어찌 제가 헤아리겠습니까
따르는 제자들과 각계의 인사들이
다투어 선생님을 기리는 사업에
동참하고 있습니다

생전에 후학들을 이끌어 주시고
어렵고 고통 받는 이들을 위해
언제나 궂은 일 맡아 주시던 선생님
크신 공덕을 우러르는 것이겠지요

아무리 세월이 흘러도
선생님은 제게 건널 수 없는 강입니다

오늘도 저 쪽 강 언덕을 바라
저는 다시 그 강에 서 있습니다
선생님이 주신 사랑의 배를 띄우며.

백합白合의 딸들 빛 부신 날개로!

— 개교 80주년에

산과 물 빛 부셔라
우리들의 영원한 배움터
경북여자고등학교 팔십 돌잔치
하늘의 뭉게구름, 교정의 벚꽃구름.
부르고 대답할 듯 천지가 화창하다

지난날 나라 잃고 말과 글도 빼앗겼을 때
비슬산 자락에 세운 백합白合동산.
큰 스승 아래 큰 가르침 가슴에 받으며
등불 밝혀 내려온 지 어언 팔십 돌.

이제 나라 되찾고 가난 물리치고
힘 있는 겨레되었어라
백합의 딸들 뿌리로, 줄기로, 잎으로,
자유와 평화, 번영과 사랑의 꽃 피웠으니.

자랑스러워라
우리를 낳고 길러 주신 어머니 학교여!
우리들의 모교여

이 나라 딸들의 지성의 금자탑
맑고 밝고 곧고 슬기롭게
빛의 날개 펼쳤으니
흐드러지게
백합의 향기로 이 세상 영원히 밝혀 가리라.

인생은 여로, 사랑은 여수의 등불

— 소롭티 미스트 미주대회에 부쳐

벗은 숙소의 등불
우정은 휴식

내일에의 여행을 위해
서로 나누는 눈물입니다

오늘은 이 일본의 고도古都에
별의 화석처럼 우리들 모여

우리들 모인 곳엔
정과 사랑이 이야기되고
정과 사랑이 이야기되는 곳엔
평화와 기쁨의 꽃이 핍니다

그리고 오대양 육대주 다 둘러
온 세상이 꽃밭이 됩니다

'우정과 성실의 기쁨'
'봉사와 직업의 원만성'

우정은 기쁨을 보태고
사랑은 촛불로 밝혀져

우리들 오늘 헤어지나
내일 또 만나리.

영원히.

— 교토京都에서

작품 해설

■ 해설

삶의 깊이와 시의 깊이

이근배(시인 · 대한민국예술원 회원)

1.

사람에게 있어 산은 무엇이고 물은 무엇인가. 바람은, 구름은, 꽃은, 새는, 나무는, 풀은? 이런 물음 앞에서 시는 온다. 태어나고 죽는 일, 만나고 헤어지는 것 같은 큰 화두를 두고 시인들은 이미 누구도 캐내지 않은 새로운 말을 찾기 위해 생각의 날을 세우고 깊은 어둠의 골짜기를 헤맨다. 많은 시간과 먼 길을 돌아서 아주 힘겹게 뽑아낸 시라는 이름의 한 줄기 빛, 그러나 오래도록 지상에서 아름다움과 향기를 내뿜지 못하고 겨우 봄 한 철을 넘기는 꽃처럼 지기도 한다.

인류는 위대한 시인들에게 다량의 시를 요구하지 않는다. 우리의 시문학사를 바로 세운 시인들도 몇 편의 시가 시대를 넘어 읽는 이들의 가슴에 아로새겨질 뿐이다. 다시 말해서 한 사람의 시인이 일생을 두고 생산한 작품들이 하나같이 공감을 얻고 다음 세대에게까지 넘겨지기를 바라기는 어렵다는 뜻이다.

한 권의 시집 속에서 눈을 부비며 다시 보고 또 새김질할 수 있는 시가 한 편이라도 얻어진다면 그 시집은 서가에 오래 꽂혀 있을 것이고 시인의 이름도 오래 기억될 것이다. 아니 한 편의 시를 빼어나게 빚을 수 있다면 더불어 함께 실릴 시들도 크게 다르지 않은 시의 감량을 지니고 있을 터이다.

이일향 시집 『기도의 섬』을 읽으면서 시집의 첫머리에 실린 「억새」에서 나는 눈을 쉽게 뗄 수 없었다. 3수 연작으로 된 시조 「억새」는 우리의 모국어가 낳은 실로 불가사의하다고밖에는 설명할 수 없는 이상적인 시조 형식을 거의 완벽하게 구사했을 뿐 아니라 형식을 떠난 현대시로서도 깊이 있는 사상성을 담고 있기 때문이다.

산은 어디서 와서
어디로 돌아가고

강은 저 혼자 흘러
어느 바다에 닿는지

억새는 해 저물도록
빈 하늘만 이고 있다.

햇빛 바람 이슬
푸른 꿈은 피어나고

그리움 키를 넘어
먼 세월을 감도는데

목 꺾어 부르는 이름
노을 속에 묻혀 간다.

안으로 타는 넋을
눈물로 어이 끄랴

눈 비에 휘어진 몸
머리 흩어 춤을 춘다

천지가 은빛 울음으로
흔들리고 있어라.

—「억새」 전문

이일향은 시조시인이다. 시인 아버지를 두었으나 글쓰기의 재능은 접어 두었다가 삶에 시련이 닥쳤을 때 아버지의 권유로 뒤늦게 매달린 것이 시조였다. 평범한 아내와 어머니로서의 역할로 채울 뻔했던 그가 시조라는 창작의 세계에 눈을 뜨게 된 것은 이미 예정되었던 필연의 수순이었을 것이다.

서른 해 동안 이일향은 시조의 깊은 늪에 빠져 다른 곳에 눈을 돌릴 겨를이 없었을 것이고 아무도 가지 않은 높고 먼 길을 참으로 쓰라리게 넘어지고 부딪치면서 헤매었을 것이다. 그리고 어느 날 스스로 서 있는 자리를 돌아보니 거기 저녁노을 앞에서 은빛 머리를 바람에 맡기는 억새가 있었을 것이다.

「억새」는 그렇게 태어났다. 화자 자신도 모르게 스무 해의 긴 시간, 아니 더 거슬러 살아온 모든 날들이 생각 속에서 자라나서 신명을 얻어 시조의 가락을 타고 솟아올랐다. 시적 대상이 화자의 삶과 일체가 되어 한 편의 시로 생성된 것이다.

'산은 어디서 와서 / 어디로 돌아가고 // 강은 저 혼자 흘러 / 어느 바다에 닿는지' 에서 시인은 저 앞서 간 시인들이 풀지 못한 화두를 넉넉하게 꺼내드는 사유의 넓은 공간을 열고 있다. 이것은 젊은 감성으로 뽑아낼 수 있는 가락이 아니요 산과 물을 꿰뚫어 보는 연륜이 쌓여 비로소 얻어낸 절정의 득음이다. 특히 셋째 수에서 '안으로 타는 넋을 / 눈물로 어이 끄랴 // 눈 비에 휘어진 몸 / 머리 흩어 춤을 춘다 // 천지가 은빛 울음으로 / 흔들리고 있어라' 는 '억새' 를 대상으로 한 시인의 한 폭 자화상이 우리의 시야에 명료하게 떠오른다. 이처럼 사물과 화자가 온전하게 일치할 때 시는 생명력과 폭발력을 지니고 시간 속에서 더 멀리 살아남게 되는 것이다.

2.

'시란 힘찬 감정의 발로이며 고요함 속에서 회상되는 그 정서에서 샘솟는 것' 이라고 하듯 워즈워스는 사람의 마음속에서 시가 어떻게 생성되는가를 정확하게 짚어내고 있다. 이일향의 시는 대체로 '고요함 속에서 회상되는 정서' 임을 보여 준다. 그러니 시가 의도적으로 만들어지는 것이 아니고 아주 자연스럽게 일상의 둘레에서 만나는 풍광과 함께 내면에 자리잡고 있는 가슴앓이 같은 것들을 생각으로 씻고 다듬어서 자연을 배경으로 언어로 새기고 있는 것이다.

짧은 해 등에 지고
오늘도 길을 나선다

산도 있고 물도 있고
꽃도 있고 새도 있고

가다가 사람을 만나면
손잡고 말도 건네고.

어디쯤 나는 왔나
남은 길은 또 얼마인가

길동무 먼저 보내고
혼자서 떠돌고 있네

돌아가 쉬는 날까지
나는 걷고 또 걷고.

—「길 위에서」 전문

이 시의 모티프는 '짧은 해'에 걸려 있다. 사람의 한 생애는 주어진 시간 속에서 항상 여유롭지 못하고 쫓기다가 가는 것이다. 그래서 '짧은 해'는 누구에게나 해당되지만 이 시에서의 '짧은 해'는 매우 절박하게 다가온다. 그렇기에 몸도 마음도 더 서두르게 되고 주어진 시간 안에 해야 할 일이 무겁게 등에 얹혀 있을 것이다.

꽃과 새, 산과 물은 살아온 날의 아름다운 풍경들이다. 기쁨과 슬픔도 지나온 꽃밭에 있다. '가다가 사람을 만나면 / 손잡고 말도 건네고'에서 시인은 사람의 소중함, 곧 사랑의 크기를 아주 소박하게 우리의 가슴에 안겨 준다. 이것은 살아온 날의 충만이기도하고 남은 생애에 대한 집착이기도 하다.

'어디쯤 나는 왔나 / 남은 길은 또 얼마인가'에서 자기

점검의 치열함을 드러낸다. '길동무'는 누구인가. 가깝게는 반려자와 혈육들로부터 서로 북돋우고 이끌어준 버팀목들이었을 것이다. 그리고 이제는 창밖의 나무와 더 빠르게 스쳐 지나가는 계절의 바람 소리들뿐, 시인은 이제 혼자라는 생각에 떨면서도 '짧은 해'를 놓치지 않기 위해 길을 나서고 오늘도 아픈 다리를 끌고 있는 것이다. 시 「길 위에서」는 두 수 연작으로 길이는 짧으나 한 시인이 걸어온 긴 삶의 여정이 살을 저미듯 아프게 새겨져 있다.

내게도 별이 있던가
꽃빛깔 수를 놓던

머리맡에 걸어 두고
눈 시리게 바라보던

어느 날 훌쩍 떠나서
돌아올 줄 모르던

별처럼 따르던 사람
별처럼 키우던 사람

지금은 그 빈자리
쓸어안고 잠이 드네

꿈속에 별을 찾다가
나는 또 길을 잃네.

—「별」 전문

현대과학은 사람이 달을 왕래하고 화성에까지 기계를 보내서 생존하는 것이 있는가를 알아보기도 한다. 그러나 그것은 우주라는 무한한 천체에 비하면 티끌도 안되는 것이다. 그 우주에 떠 있는 별은 사람의 지혜로서는 가 닿을 수 없는 불가사의다. 그렇기에 시인들은 마음속에서 가장 높은 것, 가장 아름다운 것, 가장 가지고 싶은 것, 가장 사랑하는 것 등등 별만큼이나 헤아릴 수 없이 별을 그린다. 이일향에 있어서 별은 꿈이었고 사람이었고 사랑이었다. 아니 그것들은 서로 나뉜 것이 아니고 하나였다. '내게도 별이 있던가 / 꽃빛깔 수를 놓던' 에서 젊은 날의 이상세계를 머리맡에 두고 그리더니 '어느 날 훌쩍 떠나서 / 돌아올 줄 모르던' 에서 그 꿈의 상실을 아프게 새긴다.

이제 별은 시인의 생애 한가운데에 자리잡고 있다. '별처럼 따르던 사람 / 별처럼 키우던 사람' 에서 일생의 반려자 혹은 가까이 따르던 사람, 그리고 눈에 넣어도 아프지 않을 품안의 자식들을 가리키고 있다. 아주 먼 곳에 있는 것이 아니라 목숨과 함께 붙어 살던 '별' 이었다.

나이가 드니 그 '별' 들은 아무런 예고도 약속도 없이 훌쩍 떠나기 시작했다. '지금은 그 빈자리 / 쓸어안고 잠이 드네' 는 바로 화자의 현주소이다. '별' 을 잃은 시간과 공간이 어떤 절규나 통곡보다도 긴 여운으로 하늘 끝에 닿는다. '꿈속에 별을 찾다가 / 나는 또 길을 잃네' 에서 이일향의 별은 완성된다. 시인이 노래하는 별은 오직 그 시인만의 것이고 그 시인의 시 속에서 우주에 없는 또 하나의 별로 태어나게 된다. 별의 완성이 고통스러운 까닭이 여기에 있다.

3.

이 땅에 태어난 시인은 큰 축복이다. 내 나라의 말씀과 글자를 가지고 내 나라의 시조와 시를 쓸 수 있기 때문이다. 이일향은 늦깎이로 시와 손을 잡았으면서도 한눈을 팔지 않고 외곬로 시에 매달린 까닭에 시조의 가락을 익숙하게 다루게 된 위에 자유 형식의 시에도 한 경지를 보여 주고 있다. 시조라는 정형에서의 일탈이 아니라 시상의 발달에서부터 자유 형식을 밟게 되는 필연적 현상이다. 시조와 시를 아우를 수 있음은 이 땅의 시인이 누려야 할 특권이며 의무이기도 하다.

그 사내, 여자를 사랑할 줄 아는
험프리 보가트
영화 카사블랑카에서 차고 빛나는
눈빛으로 세상의 여자를 사로잡던
내 젊은 날 가슴에 물이랑을 일으키던
나이가 들어도 지워지지 않는
흑백의 그림자.

카사블랑카는 꽃 이름이었다고?
어느 날 꽃꽂이 전시회에서
친구가 알려주었을 때
나는 백합과의 그 꽃에
얼마나 오래 눈을 빼앗겼던지

북구北歐의 이지와 열정의 여자—
아름다운 여자 잉그리드 버그만에게
남편을 돌려 보내주던
그 사내 험프리 보가트

지금도 한 송이 흰 꽃으로
내 눈 속에 피어 있는.

—「카사블랑카」 전문

나는 '카사블랑카'가 꽃 이름인 것을 이 시에서 처음 알았다. 세계영화사에서 가장 대사가 뛰어나다는 이제는 고전이 된 영화 〈카사블랑카〉에서 멋진 사내 험프리 보가트와 매혹의 잉그리드 버그만의 사랑은 아주 오래 그리고 많은 사람들의 가슴에 잠들지 않는 물너울로 살아 있다.

그 영화가 주었던 감동은 어느 날 꽃꽂이 전시회에서 백합과의 흰 꽃 이름이 '카사블랑카'라는 말을 듣고 시인은 한 편의 시를 얻는다. 무슨 남다른 기교나 빛나는 어휘를 구사한 것도 아니고 '그 사내, 여자를 사랑할 줄 아는 / 험프리 보가트'로 쉽게 말을 꺼내더니 '지금도 한 송이 흰 꽃으로 / 내 눈 속에 피어 있는'으로 담담하게 영화의 주인공과 꽃을 이미지로 일치시키면서 시를 매듭짓는 능숙함에 찬사를 바치지 않을 수 없다. 이일향은 이미 시조와 시의 경계를 의식하지 않고 시를 쓰는 자유로움을 얻고 있는 것이다.

이일향의 한 편 한 편의 시가 모두 한 번 읽고 넘길 수 없는 절실함과 깊은 울림을 주는 것은 그가 살아온 생애에서 시로 쓰지 않고는 견딜 수 없는 글감들을 바탕에 두고 있기 때문이다.

한사코 산을 올라도

하늘은 더욱 멀고

억장이 무너진 이별
낙엽으로 밟히는데

구름은 저 혼자 떠 가고
너는 오지 않는다.

가을이 깊어가면
네 생각도 더 깊어져

구구구 산비둘기
저도 안다 울어대고

나무들 옷 벗고 서 있는
저기 산은 등을 돌린다.

—「진규 생각」 전문

살다가 보면 기쁜 일도 있고 슬픈 일도 있다. 그 가운데서 가장 슬픈 일을 참척慘慽이라고 한다. 부모가 아들이나 딸을 앞세워 보냈을 때 쓰는 말인데 참혹하게 슬프다는 뜻이다. 이일향 시인에게도 참척이 있었다. 어려서부터 줄곧 모범생이었고 굴곡 없이 명문대를 나와서 역량 있는 기업인으로 젊은 아내와 자녀를 둔 남편이었고 아버지였고 어머니에게는 효도하는 아들이었다.

겉으로는 호방하고 활달한 성품을 보여 주는 이일향 시인의 눈에서 나는 눈물을 본 적이 있다. 그것은 작은 아들 진규의 부음을 뒤에 듣고 위로의 인사를 했을 때였다. 시간이 흐른 뒤에도 그는 '진규 생각' 앞에서는 어김없이 통곡이 치솟는다고 했다.

「진규 생각」은 제목부터가 꾸밈이 없다. '한사코 산을 올라도 / 하늘은 더욱 멀고' 에서 '산을 올라도' 는 어머니가 아들의 산소를 찾아가는 길이기도 하지만 그보다는 시간이 지날수록 더해가는 슬픔이기도 하다. '구름은 저 혼자 떠 가고 / 너는 오지 않는다' 에서 돌아오지 않을 줄 알면서도 돌아오기를 기다리는 마음이 읽는 이의 가슴까지 태운다.

'구구구 산비둘기 / 저도 안다 울어대고' 에서 화자가 쏟아내는 통곡을 산비둘기에 전이시키는 병치竝置가 이 시의 음계를 한 층 높이고 '나무들 옷 벗고 서 있는 / 저기 산은 등을 돌린다' 로 아들의 묘소를 찾아가서 들려주는 어머니의 노래는 절정을 이룬다. 세상의 어떤 어버이가 앞세운 자식을 두고 이만큼의 감동을 주는 시를 낳겠는가. 「진규 생각」 하나만으로도 이일향은 모국어를 낳고 기를 줄 아는 모국어의 어머니다.

기도의 섬

지은이 · 이일향
펴낸이 · 유재영
펴낸곳 · 동학사

1판 1쇄 · 2008년 9월 2일
출판등록 · 1987년 11월 27일 제10-149

주소 · 121-884 서울 마포구 합정동 359-19
전화 · 324-6130, 324-6131 | 팩스 · 324-6135
E-메일 | dhak1@paran.com
dhsbook@hanmail.net
홈페이지 | www.donghaksa.co.kr

ISBN 978-89-7190-247-9 03810